AF370857

PRECIS HISTORIQUE

DE LA VIE
DE LA CITOYENNE
LEBRUN,
PEINTRE;

PAR LE CITOYEN J. B. P. LEBRUN.

> Je défie qui que ce soit d'opposer un seul fait
> contraire à ceux que j'ai articulés. *page 16.*

A PARIS,

Gratis chez le Citoyen LEBRUN, Peintre, rue
du Gros-Chenêt, N°. 488.

An deuxième de la République Française,
Une et Indivisible.

PRÉCIS HISTORIQUE

DE LA VIE

DE LA CIT^e. LEBRUN.

Je me suis fait une longue violence pour ne pas répondre aux calomnies absurdes répandues contre la Citoyenne *Lebrun*, contre cette femme justement célèbre dans l'un des plus beaux arts que le génie humain ait créés et perfectionnés; je croyais que sa vie privée, suffisamment connue de tous ceux que son talent attirait chez elle, ou qui s'honoraient du titre de ses amis, que les travaux auxquels elle s'était livrée et qu'elle n'a jamais interrompus, que les tableaux enfin qui sortaient de son attelier, prouvaient assez la malignité de ses détracteurs, la noirceur de ses envieux, et l'ineptie des crédules qui la dénigraient sur parole. Aujourd'hui, que malgré les grands intérêts dont le Peuple Français est occupé, la Calomnie trouve encore des échos qui répétent les bruits injurieux semés contr'elle, aujourd'hui qu'elle les renouvelle à dessein de lui faire perdre le doux privilège de revoir ses foyers et sa patrie, ce n'est plus le silence, ce n'est plus le mépris que j'opposerai au mensonge, ce sont des faits que je présenterai; c'est le précis historique de la vie de la Citoyenne *Lebrun*, que je soumets à l'examen sévère mais impartial de ses Concitoyens.

La tâche que je m'impose est délicate sans doute; je puis paraître suspect d'après les liens qui m'unissent à elle; mais si je n'ai pas dit la vérité, que l'on me démente, et qu'on ne juge pas sur-tout avant d'avoir lu.

Fille d'un artiste qui avait quelque talent dans le genre du Portrait, la Citoyenne *Lebrun* étudia d'abord sous lui les premiers élémens de la Peinture. Son pere lui fut bientôt enlevé; mais appellée par la nature à de grands progrès dans cet art, elle trouva dans les amis du Maître qu'elle perdait, des Maîtres plus habiles, qui appiécierent ses dispositions, et qui soutinrent ses premiers pas dans une carrière difficile et laborieuse. Le célèbre *Vernet* aimait à parler des leçons qu'il lui avait données; elle aime à répéter qu'elle doit beaucoup aux utiles avis de ce grand-homme.

Je ne suivrai point la Citoyenne *Lebrun* dans le cours de ses études constantes et labituelles ; je ne la suivrai point dans un attelier de jeunes personnes, établi chez la mere d'une femme (*la citoyenne Bocquet-Filleul*) qui fut longtems sa rivale et son amie, dessinant à la lueur d'une lampe, et finissant par le travail une journée que le travail avait vu commencer. Dans les arts, il n'y a pas un moment à perdre pour celui qui prétend s'y faire un nom. Ce n'est pas dans l'oisiveté des cercles, dans le tumulte des plaisirs bruyans, qu'un jeune élève peut s'instruire et se former ; ce n'est pas là sur-tout que le jeune Peintre acquerra la théorie et la pratique de son art, c'est dans un atte-lier ; c'est, le crayon ou le pinceau à la main, en étudiant sans cesse les productions des grands Maîtres, en copiant sans cesse leurs ouvrages, en imitant sans cesse la na-ture : il faut que ses délassemens même soient des travaux encore.

Telle fut la jeunesse de la Citoyenne *Lebrun*. Aussi fut-on étonné de la rapidité de ses progrès ; aussi dès l'âge de 16 ans, commença-t-elle à recueillir le prix de ses efforts. Elle ne fut pas assez heureuse pour en aider une mere qui vit encore. Par son état, et celui d'un second époux qu'elle avoit choisi, sa mere pouvait se passer de secours, et laisser à sa fille le produit de ses travaux. Je crois devoir entrer dans ce détail, pour fixer l'époque, où les épargnes de la Citoyenne *Lebrun* ont commencé, et prouver que les gains légitimes dont elle était assurée, la dispensaient de recourir au moyen de se procurer une fortune dont elle eût pu rougir.

Encouragée par de premiers succès, la Citoyenne *Lebrun* ne ralentit point le cours de ses travaux. La nature ne s'était point bornée à vouloir faire d'elle un grand Peintre, elle s'était plu encore à répandre sur sa personne les grâces et les agrémens qui donnent à une femme le droit de prétendre aux hommages, et qui justifient tous ceux qu'on lui adresse ; mais tout le monde s'en appercevait, excepté elle : uniquement occupée de son art, elle ne songeait qu'aux moyens de s'y perfectionner, et peu lui importait d'être une femme jolie, pourvu qu'elle pût espérer d'être un jour une femme habile et célèbre.

Elle était au printems de son âge et de son talent, et déjà elle devait éprouver les persécutions qui accompagnent la célébrité. La sienne commençait à s'établir, elle venait de donner à l'Académie Française les portraits de *Labruyère*, et de l'abbé *Fleury*, et l'Académie, par l'organe de *Dalembert*, son Secrétaire, lui avoit accordé ses entrées à toutes les séances publiques, les jaloux se montrerent. Sa conduite sage et modeste ne donnait aucune prise à la méchanceté ; on la troubla dans ses travaux. Le systême ridicule et oppresseur des corporations et des priviléges était dans toute sa vigueur ; pour travailler même dans les arts, il fallait être apprentif ou maître ; on se présenta donc chez la Citoyenne *Lebrun*, pour saisir son attelier, sous le prétexte qu'elle travaillait sans titre ; elle déjoua cette manœuvre, en offrant de se faire recevoir maître Peintre, à l'Académie de *Saint-Luc* ; elle fut reçue en effet par lettres en date du 25 Octobre 1774, et dans une exposition qui se fit bientôt après à l'hôtel de *Jaback*, elle eut l'avantage d'attirer tous les regards sur ses productions, et de prouver à ceux qui avaient voulu lui ravir les instrumens de son art, que peu de mains étaient plus dignes de s'en servir.

Je franchis quelques années, pendant lesquelles son talent acquit de nouvelles forces et où sa réputation s'accrut en proportion de ses progrès. Le sort qui me la destinait pour femme, lui réservait les moyens de cultiver un art auquel je m'étais voué moi-même, et où par suite du commerce que je fais depuis trente ans, je pouvais faire passer sous ses yeux, tout ce que les différentes écoles des maîtres les plus célèbres, offrent de plus beau et de plus précieux dans tous les genres. Je dirai encore ici que, sans être dotés, ni l'un ni l'autre, d'une fortune considérable, déjà cependant je m'étais rendu acquéreur de la seule propriété territoriale que je possède, et que mon actif suffisait pour payer une grande partie du prix de mon acquisition. Ainsi, sans être riches, mon commerce et le talent de ma femme, nous donnaient les moyens de vivre dans une honnête aisance. Nous travaillâmes donc à l'envi l'un de l'autre, et ce que j'avais prévu, arriva ; c'est qu'entretenue sans cesse dans son amour pour la Peinture, par l'aspect des beaux tableaux qui remplissaient mes magasins, placée dans un rapport continuel avec les chefs-d'œuvre des *Rubens*, des *Rembrandt*, des *Guide*, et des *Albane*, la Citoyenne *Lebrun* atteignit ce dégré de perfection qui lui a fait assigner, depuis plusieurs années, une des premieres places parmi les grands Peintres de notre école. Elle marchait à grands pas vers la gloire, il fallait qu'elle l'expiât. L'Envie s'était de bonne heure armée contre elle, l'Envie s'obstina à la poursuivre. Un artiste (1) demeurait dans ma maison, on prétendit que c'était lui qui faisait les tableaux de la Citoyenne *Lebrun*, et cependant l'attelier de la Citoyenne *Lebrun* était ouvert à tous les artistes, à tous les amateurs, à tous les gens du monde, et ils étaient bien convaincus qu'elle était le seul auteur de ses productions. Mais c'est une injustice commune aux hommes et aux femmes même, d'affecter de croire qu'une femme est incapable de s'occuper d'autres choses, que de frivolités, et de ne pas lui pardonner de vouloir pénétrer dans le sanctuaire des arts et des sciences. De-là toutes les difficultés qu'elle éprouva pour être reçue à la ci-devant Académie royale de Peinture. Long-tems ses demandes furent écartées, et ce ne fut que le 31 Mai 1783 qu'elle obtint sur l'envie le triomphe que ses talens lui avaient mérité ; encore parut-on accorder comme faveur, ce qui, aux yeux du Juge le plus sévère, n'était que justice (2).

____

(1) Le Citoyen *Menageot*.
(2) Il y eut l'année même de sa réception à

On conçoit aisément qu'ayant peu de concurrents dans le genre qu'elle cultivait le plus volontiers, travaillant sans relâche, saisissant la ressemblance avec une extrême facilité, prêtant par le prestige d'un coloris frais et brillant, d'attitudes toujours heureuses, piquantes et variées, des attraits à la laideur, et de nouveaux charmes à la beauté, la Citoyenne *Lebrun* devait à peine suffire à l'empressement de tous ceux qui voulaient être peints par elle (1).

On concevra aussi que le plus grand nombre de ceux qui rendaient cet hommage à sa réputation, étaient de la caste ci-devant privilégiée, puisque leur fortune les mettait à même de satisfaire une fantaisie dispendieuse, et qu'à cet égard elle se vit dans le cas des *Wandick* et des *Porbus*, qui étaient appellés à faire

---

l'Académie, une exposition au Louvre. Le hazard fit placer son tableau, représentant *la Paix qui ramene l'abondance*, au dessous d'un tableau de *Menageot*, représentant *la naissance du ci-devant Dauphin*. On compara les deux manieres, et on reconnut sans peine que le dessein, la couleur, et la composition de l'un, n'étaient point du tout ceux de l'autre.

(1) Elle fut obligée de tenir une liste pour y inscrire les personnes qui lui demandaient leur portrait. La ci-devant Duchesse d'Orléans se fit inscrire elle-même, et attendit un an pour avoir son tour. Elle fut tellement occupée qu'elle a produit plus de 500 tableaux; elle connaissait si peu le prix de l'argent, qu'une femme lui offrant mille écus pour son portrait — *Non*, dit-elle, *je ne puis le faire à moins de cent louis: Y a-t-il cent louis dans mille écus ?*

le portrait des personnes que leur rang ou
leurs richesses plaçaient dans ce qu'on nom-
mait alors la haute classe de la société.

J'arrive à l'époque où *Calonne* entra au
ministère des finances. Il faut bien que malgré
moi je recueille toutes les absurdités, toutes
les sottises, toutes les calomnies qu'on s'est
permises contre la Citoyenne *Lebrun*, au
sujet de cet ex-ministre. L'immoralité pourra
s'égayer du sentiment pénible que j'éprouve,
en m'imposant cette obligation rigoureuse;
mais qu'elle apprenne que le ridicule ne peut
atteindre celui qui ne craint pas de le braver,
et que là où l'imposture doit être confondue;
il y aurait de la lâcheté à ne pas oser repro-
duire les faits sur lesquels on doit la combattre.
On va voir enfin à quoi se sont réduites,
cette liaison si intime que l'on a supposée
entre *Calonne* et la Citoyenne *Lebrun*, ces
sommes immenses détournées des caisses
publiques pour l'en enrichir, ces *Pastilles
enveloppées dans des billets de la caisse
d'escompte*, ces pensions sur le Trésor, ci-
devant royal, ces *croupes* dans les fermes;
ces intérêts dans les finances, etc. etc.

La Citoyenne *Lebrun*, par suite de son
goût pour les arts, rassemblait depuis quelque tems chez elle, une fois par semaine,
quelques artistes Peintres, Gens de Lettres,
Architectes et Musiciens, et peut-être était-
il intéressant de voir réunis dans un lieu modeste (1) des hommes d'un mérite distingué

---

(1) Que le lecteur me pardonne de lui-donner la

dans tous les genres; d'entendre les *Vernet*, les *Robert*, les *Delille*, les *Lebrun*, (1) les *Champfort* applaudir à la musique enchanteresse des *Piccini*, des *Sacchini*, des *Gretry*, des *Martiny*, et à l'exécution brillante et supérieure des *Viotti*, des *Duport* et des *Janson*. C'était une espèce de Lycée ouvert à tous les talens, la gêne en était bannie; c'était les arts fraternisant ensemble; et ceux d'entre ces artistes qui professaient la musique, et qui ne se déplaçaient jamais sans exiger un droit légitime de présence, semblaient trop heureux de faire, sans aucun motif d'intérêt, l'hommage de leurs beaux talens à une femme qui en sentait le prix, et qui les dédommageait de leur sacrifice par l'expression bien sentie du plaisir qu'elle éprouvait à les entendre.

Les concerts de la Citoyenne *Lebrun* ne tardèrent pas à être cités dans une ville où tout devenait nouvelle, et où le plus petit incident prenait le caractère d'un grand événement. Les gens de ce qu'on appellait

---

description de ce lieu où se rencontraient les talens les plus célèbres de la France et de l'Europe. C'était la chambre à coucher de la Citoyenne *Lebrun*, meublée d'un simple lit d'indienne, d'une tenture de papier et de quelques tableaux. On eut grand soin de répandre que cette chambre était un sallon immense orné de lambris dorés, et des meubles les plus précieux.

(1) Auteur d'un *Poëme sur la Nature*, d'*Odes*, d'*Epîtres*, d'*Epigrammes*, etc.

la bonne compagnie, briguerent l'honneur d'être invités à ces concerts; et comment les refuser, lorsque c'était les mêmes personnes qui employaient les talens de la Citoyenne *Lebrun?* Ce ne fut plus alors un petit cercle d'artistes et d'amis ; les Grands, puisqu'on les qualifiait ainsi, furent reçus, et ils trouvaient piquant sans doute de venir chez une femme sans morgue et sans prétention, oublier les fatigues de l'étiquette et les dégoûts d'une brillante servitude. *Calonne* fut un de ceux qui se présenterent chez la Citoyenne *Lebrun*. C'était vers le tems où il aspirait au Ministère, il y fut nommé, il voulut avoir son portrait, et vint chez la Citoyenne *Lebrun* lui donner *séance*. Un Ministre, un Contrôleur Général des Finances qui trouvait le moyen de prendre une heure sur sa matinée pour venir chez la Citoyenne *Lebrun*, chez une femme qui, comme l'homme en place, attirait les regards et l'attention, en fallait-il davantage pour que les épieurs de la conduite du Ministre, les solliciteurs, les gens à projet imaginassent et fussent convaincus qu'il existait une liaison très-intime entre *Calonne* et la Citoyenne *Lebrun ?* Cela fut bientôt dit, répété et imprimé.

La Citoyenne *Lebrun* se vit assaillie de demandes, de mémoires, de placets. Elle avait beau répondre de vive voix ou par écrit qu'elle n'avait aucun crédit sur l'esprit du Ministre, que depuis qu'elle l'avait peint elle n'avait

(13)

plus aucune relation avec lui ; (1) le trait
de la calomnie était lancé , et jusqu'à ce
qu'elle eût refusé de se charger de toutes
les négociations dans lesquelles on voulait
l'engager , il s'écoula assez de tems pour
qu'elle fût convaincue à son tour qu'on lui
supposait tous les moyens de demander et
d'obtenir. Elle ne voyait plus *Calonne* , il
ne venait plus chez elle , il lui avait payé
son portrait ; (2) tous rapports entr'elle et
lui étaient donc cessés, n'importe : les solliciteurs mécontens, les envieux par nature,
les calomniateurs par goût, les libellistes par
état s'entêtaient à décrier la Citoyenne *Lebrun* , à faire d'une femme paisible dans sa
maison, sans cesse occupée de son état ,
fixée cinq heures par jour dans son attelier,
un agent d'affaires ministérielles, nommant
aux places , disposant des graces, et répan-
dant les faveurs.

Eh bien *!* qu'il se montre celui qui a ob-
tenu quelque place à sa sollicitation , qui a
réussi dans quelque affaire par ses moyens !
Qu'on les cite les grandes opérations qu'elle

---

(1) Cela était de la plus exacte vérité. *Le Ministre* n'avait pu lui donner *séance* que de loin en loin
à cause de la multiplicité de ses occupations. Voilà
ce qui avait prolongé ce qu'on appellait ses visites.
Mais dès que la tête fut finie , le tableau fut achevé
sans le modèle, et la Citoyenne *Lebrun* ne reçut
plus le Ministre chez elle.

(2) *Calonne* lui envoya 3600 ₶ en Billets de la
Caisse d'Escompte , dans une tabatiere qui pouvait
valoir 1200 ₶ ; plusieurs personnes présentes à l'ou-
verture du paquet , peuvent l'attester. Je citerais
leurs noms au besoin.

a dirigées, les succès dûs à ses intrigues ou à sa recommandation ! Que les Fermiers-Généraux, les Financiers, les Banquiers qui lui ont payé des pots-de-vin ou des intérêts, qui l'ont associé à leurs bénéfices, se nomment, ou que ceux qui les connaissent pour lui avoir eu quelque obligation, les dénoncent ! Les comptes des ministres, et par conséquent ceux de *Calonne* ont été mis sous les yeux des représentans du peuple, le *Livre rouge* a été ouvert, la liste des pensionnaires du ci-devant Trésor royal, et de la ci-devant Cour a paru ; qui osera soutenir que le nom de la Citoyenne *Lebrun* s'y soit trouvé ? Mais, diront les méchans ou les ineptes, en dilapidant les finances de l'état, *Calonne* a pu donner des trésors à la Citoyenne *Lebrun*, sans qu'il en reste aucune trace.— Impudens, et sots calomniateurs ! Sans doute : elle a reçu, comme le publiait *Gorsas*, ou tel autre écrivassier de sa trempe, *des Pastilles enveloppées dans des billets de la caisse d'escompte.* Que sont-ils donc devenus, ces trésors et ces billets ? Quel emploi en a-t-elle fait ? Quelle est cette fortune immense qu'on lui supposait ? Elle consiste, puisqu'il faut tout vous révéler, dans les deux seules maisons que je possède, rue de Cléry, et rue du Gros-Chenêt, et je vous ai dit plus haut que je les avais acquises avant mon mariage, et que mon actif suffisait pour payer une grande partie du prix de mon acquisition. Celle qui donnait sur la rue du Gros-Chenêt fut abattue, il y a quelques années ; j'en fis élever une autre sur ses ruines ; *Calonne* l'a payée, a-t-on dit ; c'est encore un mensonge atroce. J'en dois les desseins et les plans à l'amitié désinteressée ; quant aux mémoires de construction, ils sont loin d'être acquittés en totalité ; la preuve n'en est pas difficile à fournir, les ouvriers sont tous existans, et seront l'écho véridique de ce que j'avance.

Ces deux maisons grévées de charges et de dettes, voilà donc à quoi se réduit toute la fortune de la Citoyenne *Lebrun*, puisqu'elle n'a aucune propriété foncière, aucune rente sur la République, aucune rente sur particulier. Et je le demande à présent à tout homme qui voudra juger sans passion ? Avec un talent comme le sien, avec un revenu aussi considérable que celui qu'il lui procurait, puisqu'un buste seul lui était payé 600 liv., qu'elle peignait avec une facilité étonnante, et qu'elle gagnait, année commune, 24 ou 30,000 liv., avec les bénéfices que je faisais moi-même dans un commerce très-actif et très-étendu, avec un état de maison tel que nous n'avons jamais eu plus de quatre personnes à notre service, dont un seul domestique pour nous deux, après vingt années de travail enfin, est-il si difficile de croire que nous ayons pu trouver dans nos économies une somme suffisante pour payer le prix de nos maisons, et en faire bâtir une, dont les constructions ne sont point totalement acquittées ?

Je devais dire la vérité, et je l'ai dite. C'est le bilan de la fortune de la Citoyenne

Lebrun, et de la mienne que j'expose en quelque sorte aux regards de mes concitoyens. JE DÉFIE QUI QUE CE SOIT D'OPPOSER UN SEUL FAIT CONTRAIRE A TOUS CEUX QUE J'AI ARTICULÉS.

Qu'on ne parle donc plus des richesses de la Citoyenne *Lebrun*! Qu'ils cessent donc ces bruits infâmes semés contre elle sur sa prétendue liaison avec un ministre qu'elle avoit vu quelquefois avant qu'il entrât en place, et qu'elle n'a plus revu, du moment où son portrait a été fini! Que l'envieux rougisse, et que le calomniateur se taise! Non ; elle n'a point eu de liaison intime avec *Calonne*, et quant au reproche qu'on lui fait d'avoir été en rapport avec des ci-devant privilégiés, son état l'y condamnait ; mais elle n'admettait dans son intimité que des artistes en tout genre. J'en ai nommé quelques-uns, ils ne pourraient le nier ; et je leur ferais injure, si je doutais qu'ils me refusâssent leur témoignage pour justifier celle qu'ils ont tant de fois essayé de consoler en voyant la douleur profonde, et les tourmens que lui causaient les persécutions dont elle était l'objet.

Il me reste à parler de son voyage, qu'on n'a pas manqué d'appeller une émigration. C'était une conséquence toute simple des calomnies qui la poursuivent. Il y avait plusieurs années que la Citoyenne *Lebrun* avait le projet de voir l'Italie ; déjà deux fois elle avait tout préparé pour s'y rendre, mais des tableaux commencés ou promis, la retenaient toujours à Paris, et ses désirs furent long-tems contrariés. Il arriva enfin, ce moment terrible et glorieux où le peuple français se leva tout entier contre les abus, les priviléges et la tyrannie. Ce n'est pas au milieu du choc des armes, dans le tumulte et les agitations inséparables d'une révolution naissante qu'on peut cultiver les arts. Les arts sont amis de la paix et du silence ; ils ont besoin de se recueillir avant de créer, et dans l'instant de la création même il ne faut pas que le trouble les environne, ni que la crainte les distraye. Si ce que je dis est vrai pour les hommes qui se sont voués à leur culte, à plus forte raison, puis-je le dire, en parlant d'une femme dont la complexion est délicate, et dont les organes sont affaiblis par un long travail, et une constante application. Mais la Citoyenne *Lebrun* n'eût pas voulu sortir de France avant que la liberté fût assurée dans son pays, elle en vit l'aurore bienfaisante, contribua au don patriotique qui fut offert à l'Assemblée Nationale Constituante par les femmes artistes de Paris, et ne partit de cette ville qu'au mois d'Octobre 1789. Elle quittait la France à regret ; elle s'éloignait avec peine d'un lieu qui fut son berceau, où les maux que la calomnie lui avait fait souffrir ne lui faisaient pas oublier les douceurs qu'elle avait recueillies de ses succès ; elle s'arrachait à sa famille, à ses amis , hélas ! en voyant le chagrin qu'elle en éprouvait, on eût dit qu'elle pressentait que ses adieux étaient éternels.

Elle marchait droit à Rome ; elle y fixa d'abord son séjour, et y fit son portrait pour la galerie de Florence. Elle admira dans cette Capitale des arts, les débris pompeux des monumens que le tems y respecte encore, étudia les chefs-d'œuvre qui s'y mêlent aux restes de la grandeur d'un peuple souverain, parcourut les différentes villes de l'Italie qui pouvaient fournir quelque aliment à sa curiosité, reprit ses pinceaux, et entr'autres tableaux qui lui méritèrent son admission dans différentes Académies, telles que celles de *Bologne*, *Parme* et *Florence*, fit le portrait du célèbre *Paësiello*, qu'elle envoya en France, et qui fut exposé au sallon de 1791. C'était un hommage qu'elle se plaisait à rendre à son pays, quelque flatteur que fut pour elle l'accueil qu'elle recevait de l'étranger, ses regards se tournaient toujours vers sa patrie ; en lui payant le juste tribut de son amour, elle charmait en quelque sorte la douleur qu'elle sentait d'en être éloignée.

Par l'époque de son départ on voit clairement qu'elle n'était point du nombre de ceux qu'une lâche terreur avait entraînés loin de leurs foyers ; par le motif de son voyage, le choix des lieux qu'elle allait habiter, et les travaux auxquels elle se livrait, on voit clairement encore qu'elle ne pouvait être confondue parmi ceux qui partaient avec des intentions ennemies ; les Loix rendues contre les *Emigrés* ne pouvaient donc la menacer ni l'atteindre. Elle n'était point allée dans l'Allemagne aiguiser le fer qui devait

être tourné contre le sein de la France, at-
tacher la cocarde blanche sur le front d'en-
fans dénaturés qui s'armaient contre leur
mere; elle n'habitait ni *Worms* ni *Coblents*,
elle était à Rome, s'instruisant dans son art
et faisant des tableaux. Elle y était avec sa
fille, seul fruit de notre union, bien jeune
encore, et qui déjà s'essaye dans l'art où sa
mere s'est illustrée. La C^e. *Lebrun* toute en-
tière à son talent, à l'éducation de sa fille, ne
conspirait donc point; et qui pourrait l'en
soupçonner, si l'on connoissait ses mœurs
douces, son caractère paisible, et son âme
bienveillante et pure! Cependant le Département de Paris publie la liste des Emigrés
de son ressort, et la comprend sur cette
liste; il l'y comprend avec sa qualité de
Peintre, et ne s'apperçoit pas que cette qualité seule devait empêcher que son nom s'y
trouvât. Comme elle est artiste, comme
elle voyageait sous la sauve-garde de deux
Décrets solemnels, (1) je réclamai contre

(1(Loi du 8 Avril 1792, relative aux biens des
Emigrés, art. VI. Ne sont point sujets aux dispositions du present Décret ..... Ceux qui justifieront
par brevets, inscriptions, lettres d'apprentissage,
qu'ils sont livrés à l'étude des Sciences, *Arts* où
Métiers, et ceux qui ont été notoirement connus,
avant leur départ, pour s'être consacrés à ces études, et ne s'être absentés que pour acquérir de nouvelles connoissances dans leur état.

Loi du 18 Octobre 1792, art. I.
...Dans le jour de la publication du présent Décret,
les Municipalités mettront, si fait n'a été, sous la
main de la Nation, les titres et biens, tant meubles

l'erreur , et lorsque j'attendais justice , le Département prononça que la Citoyenne *Lebrun* serait regardée comme *Emigrée*, parce qu'il n'est pas notoirement connu que ce soit pour des motifs relatifs à son art, qu'elle se soit absentée de Paris.

Eh ! quel acte le Département pouvait-il exiger, qui fût plus notoire que le tableau qu'elle avait envoyé en France? La

---

qu'immeubles, appartenans aux citoyens absens, autres que .... les Commerçans et *Artistes* notoirement absens pour raison de leur commerce ou des *Arts*.

Deux Loix postérieures à celle-ci , en ont confirmé les dispositions.

Lor du 28 Mars 1793 , art. VIII. Section IV.
.... Sont exceptés ceux qui justifieront qu'ils sont livrés à l'étude des Sciences, *Arts* et Métiers, et ceux qui ont été notoirement connus avant leur départ, pour s'être consacrés à ces études , et ne s'être absentés que pour acquérir de nouvelles connoissances dans leur état. Ne sont point compris dans l'exception ci-dessus les personnes qui n'ont cultivé les Arts et les Sciences que comme amateurs , ni ceux qui ayant quelqu'autre état , n'ont pas fait et ne font pas leur profession unique de l'étude des Sciences et des Arts.

Dans la séance du 25 Juillet dernier , *David* demanda que *Brongniard* , architecte , fût exempté de la Loi qui déclarait émigrés les étrangers qui séjournaient dans les villes fédéralistes, comme Lyon, Bordeaux , etc., cet artiste étant obligé de se rendre dans la derniere de ces villes pour la construction d'un édifice public. L'Assemblée passa à l'ordre du jour , motivé sur ce que les Artistes étaient exceptés de cette Loi.

prévention aurait-elle dicté l'arrêt prononcé
contre la C^e. *Lebrun ?* Je ne puis le penser.
La Justice est peinte un bandeau sur les yeux;
cette allégorie ingénieuse fait assez compren-
dre qu'elle ne doit faire acception de personne, que nous sommes tous égaux devant
elle, et que nous devons avoir la même
part dans ses rigueurs ou dans ses grâces.
Mais le tribunal de l'opinion publique m'est
ouvert, mais la barre de la Convention Nationale m'offre un accès, et je m'y présente
les Loix à la main, pour réclamer l'exécution
de ces mêmes Loix. Eh quoi! sous l'empire
de la tyrannie le *Bernin* (1) aurait été appellé de Rome à grands frais, les plus grands
honneurs l'auraient accueilli à son arrivée,
les distinctions les plus flatteuses lui auraient
été prodiguées pendant son séjour, et sous le
règne de la Liberté, une femme qui par ses
talens honore son pays, en serait bannie à
jamais! Qui le croirait ?

O vous, qui pendant qu'elle habitait la
France, n'avez cessé d'empoisonner sa vie
et ses succès, jouissez de la nouvelle injustice
qu'éprouve une femme dont les travaux et la
gloire méritaient plutôt une exception favo-
rable; applaudissez au coup qui la frappe,
lorsqu'elle se croyait en sûreté sous l'égide
de Loix protectrices ; gardez-vous bien

---

(1) *Jean Laurent Bernini*, appellé vulgairement
le *Cavalier Bernin*, Peintre, Sculpteur et Architecte, qui excella également dans les trois genres.
Louis XIV le fit venir à Paris pour travailler aux
dessins du Louvre.

sur-tout d'ouvrir les yeux sur la vérité; j'y consens, ce n'est pas pour vous que j'écris: mais vous dont l'âme ne s'ouvrit jamais à la haine, vous qui ne connûtes jamais l'envie, vous dont la calomnie n'égara jamais l'opinion, si vous avez lu avec attention cet exposé simple et rapide, prononcez, je vous y invite, et dites si la Citoyenne *Lebrun* a mérité les persécutions auxquelles elle fut en butte? Vous enfin, Ministres de la Loi, vous qui êtes ses organes et qui devez être impassibles comme elle, ne précipitez pas votre jugement. Que l'innocence ne soit pas enveloppée dans la juste proscription du crime! Rendez à sa patrie celle qui n'a vécu que pour l'aimer, qui n'aspire qu'à goûter les bienfaits d'une Révolution immortelle, et ne me réduisez pas à partager les sentimens douloureux de la femme de *Molière*: on refusait une terre hospitaliere aux restes inanimés de ce grand-homme; » est-il possi-
» sible, s'écriait-elle, qu'on ne veuille pas
» enterrer celui à qui la Grèce eût élevé
» des autels! »

Mme Lebrun eſt de retour à Paris depuis quelques jours. « Après une abſence de neuf ou dix ans, dit la Clef du Cabinet, elle a retrouvé ſa charmante maiſon (rue du Gros-Chenet,) dans l'état où elle l'avoit laiſſée. Son mari avoit eu l'attention de conſerver le même ordre dans l'arrangement des meubles, des tableaux, des gravures ; ſes chevalets, ſes palettes, ſes pinceaux, tout étoit à la même place. Cette intéreſſante artiſte peut continuer demain, ſi elle veut, l'eſquiſſe qu'elle avoit commencée il y a dix ans. »